I0327049

# Agenda ORO Puro

### Creada por Carla Sánchez-Anderson

Nombre: _____
Dirección: _____
Teléfono: _____
Correo electrónico: _____

**agenda.carlasanchez.net**

# Agenda ORO Puro:
## Logra una meta en dos meses con ORO Puro

**Carla Sánchez-Anderson**

La agenda **ORO Puro**© es un plan de acción poderoso para guiarte en la ejecución de una **meta a lograr en dos meses**.

**agenda.carlasanchez.net**

*Carla Sánchez*
— ORO Puro —

# Agenda ORO Puro

**PRIMERA EDICIÓN (1.0)**

Publicado por Carla Sánchez y C.O.S Entertainment, Corp.

ISBN para la versión impresa: 978-0-578-59930-4

Impreso en Estados Unidos – *Printed in the United States*

Derechos de autor (*copyright*) reservados 2019 según las convenciones estadounidenses, panamericanos e internacionales. Ninguna parte de este libro debe reproducirse o transmitirse sin el permiso por escrito de Carla Sánchez/COS Ent Corp, salvo en el caso de citas breves en reseñas con enlace a **agenda.carlasanchez.net.**

**Para pedidos al por mayor, favor contactar a la autora.**

# A ti mujer ORO Puro...

*que necesitas la herramienta perfecta para manejar tu tiempo, tomar acción, cumplir tu sueño y brillar en todas las metas que te propongas, esta* **Agenda ORO Puro**© *está creada por ti y para ti.*

# Contenido

**Introducción** ........................................................... 9
**Instrucciones** .......................................................... 10
**Guía práctica ORO Puro©** ............................... 11
**Guía práctica del plan de acción ORO Puro©** ......... 13
**Define tu meta** ........................................................ 15
**Compromiso** ........................................................... 16
**Semana 1** ............................................................... 17
**Semana 2** ............................................................... 26
**Semana 3** ............................................................... 35
**Semana 4** ............................................................... 44
**Semana 5** ............................................................... 53
**Semana 6** ............................................................... 64
**Semana 7** ............................................................... 73
**Semana 8** ............................................................... 82
**Reflexiones** ............................................................ 91

Carla Sánchez-Anderson

*"Cuando el espejo refleja la mujer ORO Puro que quieres ver, has entrado en consciencia de lo que mereces para materializar tus sueños".*
*- Carla Sánchez-Anderson*

Bienvenida a tu **Agenda ORO Puro©** -- Para materializar tus sueños, debes convertirlos en **metas** y para lograr tus metas, debes seguir un **plan de acción** con estrategia. Por eso, diseñé esta **Agenda ORO Puro©** para entregarte el método que me ha funcionado a mí y cientos de mujeres que tomando acción constante y siguiendo el método han logrado las metas que alguna vez fueron sueños.

Como *coach* **especializada** en ayudar a personas a tomar acción y lograr sus metas, he descubierto que más que un logro, el tomar acción consistente hace que la persona se sienta plena, feliz y empoderada. El resultado es poder ser su mejor versión en todos los roles que tengan.

Mi deseo con este sueño hecho realidad es que tengas una herramienta al alcance de tu mano **para que tú también hagas tus sueños realidad**...

*Carla Sánchez-Anderson*

**Agenda ORO Puro**

# Instrucciones

**ORO Puro©** es un acrónimo que se utiliza como un paso a paso que apalanca y guía la ejecución de una idea, llevándola a la acción para convertirla en meta y materializarla.

El **ORO Puro©** se basa en que todo ser humano debe actuar desde su brillo y esencia propia que es lo que te hace única. Para activar tu brillo interno y conectar con tu ser, debes tener claridad y saber cuál es tu porqué en todo lo que haces.

El símbolo químico del ORO es **Au** que en el método significa (**A**ccionar **u**n paso a la vez).

**ORO Puro©** también significa {Pureza = Claridad}. El método empieza clarificando la meta, ya que ésta debe ser clara y precisa para poder tomar acción y obtener los resultados deseados.

**O**bjetivo
**R**ealidad
**O**pciones
**P**lan de acción
**u**n paso a la vez en una semana
**r**ealizable en una semana
**o**btener resultados en una semana

\* Mensualmente revisarás y ajustarás (si es necesario) tu **ORO**.
\* Semanalmente tomarás acción en tus metas con el **Puro** que es el plan de acción.

Con **ORO Puro©**, podrás mantenerte enfocada en tus metas, encontrarás claridad, estructura y una guía práctica para hacer tu sueño realidad.

**Carla Sánchez-Anderson**

# Guía práctica ORO Puro:

1- **O**bjetivo: El primer paso del método es la primera **O** del **O**RO que es definir el "**o**bjetivo" (la meta) que quieres lograr en dos meses.

La meta debe ser: Positiva, específica, que dependa de ti y con un tiempo a cumplir.

- <u>Positiva</u>: La meta debe estar planteada en positivo.

- <u>Específica</u>: Definir claramente lo que quieres lograr, tu meta debe ser concreta y precisa.

- <u>Que dependa de ti</u>: Para alcanzar la meta, eres tú quien tiene que actuar, que dependa de ti lograrlo. ¿Hasta qué punto controlas esa meta?

- <u>Tiempo</u>: Debes fijar un tiempo, una fecha límite para que la meta sea cumplida. ¿Para qué fecha quieres cumplir esa meta?

Por ejemplo; una meta que cumple con todos los requisitos anteriores se escribiría así:

*"Quiero posicionar mi método ORO Puro©*
*para diciembre 2019."*

Otro paso importante que te impulsa a trabajar en tu meta es encontrar tu porqué. Tiene que existir una razón grande, importante, para querer cumplir esta meta. Tu *porqué* está ligado a tus creencias y es aquí donde puedes realmente encontrar tu brillo y conectarte con tu esencia. Si el lograr esta

## Agenda ORO Puro

meta no crea un impacto en tu vida, es posible que no actives lo que tengas que hacer para lograrlo. Tu porqué es lo que te motiva a seguir adelante aunque las circunstancias se interpongan. Tu porqué debe ser emocional y estar ligado a tus creencias. Para saber si tu porqué es lo suficientemente poderoso, pregúntate: ¿por qué realmente quiero lograr esta meta? Este porqué debe mover fibras de tu ser y hacerte sentir algo grande.

2- **Realidad**: El segundo paso del método es la **R** del O**R**O que es observar tu "realidad" y definir lo qué has hecho hasta ahora y qué retos tienes que pudieran dificultar el logro de tu meta.

3- **Opciones**: El tercer paso del método es la segunda **O** del OR**O** que se definen como las "opciones" y recursos con los que se cuentan y los que hacen falta.

4- **Puro**: El cuarto paso del método es la **P** del **P**uro que es el "plan de acción". Un plan de acción es lo que determina tu éxito, lo que provee enfoque, claridad y estructura para lograr tus sueños y convertirlos en metas realizables.

5- **Pu**ro: El quinto paso del método es la **u** del P**u**ro que significa "un paso a la vez". La idea es enfocarte en una acción específica y no moverte a la próxima sin haber hecho ese primer paso.

6- **Pu**ro: El sexto paso del método es la **r** del Pu**r**o que significa "realizable". Para avanzar en cualquier meta, debes realizar el paso #1 para ir al paso #2. Realiza un paso a la vez para entonces llegar al último paso del Pur**o**.

7- **Pu**ro: El séptimo paso del método es la **o** del Pur**o** que significa "obtener resultados". Esto no significa obtener los resultados que tú deseas, sino más bien que lo utilices como un medidor de las acciones que has tomado. Para esto preguntamos ¿Cómo medirás tus avances? Esto es sólo un termómetro para ir ajustando tus acciones hacia el resultado deseado.

Otra parte importante de todo este proceso **ORO Puro©** es agradecer, honrar tus emociones y celebrar tus avances. Para eso preguntamos:

- ¿Cuáles son tres cosas por las que puedo agradecer?
- ¿Cómo te sentirás al lograr tu meta?
- ¿Cómo te sientes al haber tomado acción?
- ¿Cómo celebrarás tu proceso?

## Guía práctica del plan de acción

1- En la primera plantilla *"Define tu meta"* definirás la tuya teniendo presente que debe ser una que puedas realísticamente cumplir en un período de dos meses.

Si la meta es a largo plazo, entonces asegúrate de desmenuzar en metas pequeñas a cumplir en dos meses que puedan moverte hacia ella a largo plazo.

También definirás tu porqué, honrarás tus emociones, descubrirás tus oportunidades, recursos, retos y te comprometerás con tu sueño.

2- En la plantilla de las *"Metas semanales"* podrás definir tus metaprocesos que te llevarán a tu resultado final. Los metaprocesos los defino como las acciones que debes realizar semanalmente para moverte hacia tu meta a dos meses. Aquí definirás tus metas más importantes a cumplir en la semana con un espacio para ir midiendo tus resultados utilizando una marca de verificación (✔). Tendrás un espacio para honrar tus emociones y definir cómo celebrarás tu proceso.

**Agenda ORO Puro**

3- En tu plantilla de *"Tareas diarias"* vas a definir absolutamente todas las tareas de tu día con horas específicas y podrás también ir midiendo tus resultados utilizando una marca de verificación (✔). Empezarás tu día agradeciendo y visualizando lo que debes hacer en tu día. Aquí habrá espacio para todas tus acciones del día que toman tiempo. Por ejemplo, tu hora de ejercicio, tu hora de comer, reuniones, llamadas, responsabilidades, diligencias y las acciones que te acercan al logro de tu meta. Aquí la clave es no dejar espacios en blanco, ya que lo que se agenda, se hace y también ser realista con tu tiempo y las circunstancias de tu día a día. Mientras más intencional seas con lo que quieres lograr ese día, más efectiva serás. Tendrás también el espacio de honrar tus emociones.

4- En la plantilla de *"Reflexión semanal"* podrás honrar tus descubrimientos, observar tus avances, tus retos, tu productividad y el aprendizaje más grande de la semana que lo puedes compartir en las redes sociales con el *hashtag* **#SoyOROPuro**. Te invito a que lo hagas el sábado o el domingo, al finalizar cada semana.

Ahora sí estás lista para tomar acción y empezar el camino hacia el logro de tu sueño hecho realidad, tu meta cumplida está a sólo dos meses. Para preguntas o unirte a la comunidad **ORO Puro©** visita **agenda.CarlaSanchez.net**.

**Carla Sánchez-Anderson**

# Define tu meta con ORO:

¿Cuál es tu meta a lograr en dos meses?
___
___
___

Define: ¿Por qué quieres lograr tu meta?
___
___
___

¿Cómo te sentirás al lograr tu meta?
___
___
___

¿Qué has realizado hasta ahora para conseguir tu meta?
___
___
___

¿Qué oportunidades y recursos posees para lograr tu meta?
___
___
___

**Agenda ORO Puro**

¿Qué recursos te hacen falta?
_____
_____
_____

¿Qué retos pudieran dificultar el logro de tu meta?
_____
_____
_____

¿Cómo medirás tus avances?
_____
_____
_____

¿Cómo celebrarás el haber logrado tu meta en dos meses?
_____
_____
_____

Yo_____ me comprometo conmigo misma a tomar acción consistente para celebrar el logro de mi meta para el día_____.

Firma: _____   Fecha: _____

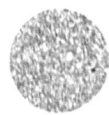

# Semana 1

> "No puedes controlar todo, pero tus acciones definen tus resultados.
>
> -Carla Sánchez-Anderson"

**Agenda ORO Puro**

# Metas semanales

*"Una meta es un sueño con fecha de entrega".*
*-Napoleón Hill*

**Fecha:** _____

Metas semanales más importantes:

| | ✔ |
|---|---|
| 1. | |
| 2. | |
| 3. | |
| 4. | |
| 5. | |
| 6. | |
| 7. | |
| 8. | |
| 9. | |
| 10. | |

¿Cómo te sentirás al haber tomado acción?
_____
_____
_____

¿Cómo celebrarás tu proceso esta semana?
_____
_____
_____

**Carla Sánchez-Anderson**

# Tareas diarias

**Fecha:** _____

*Las 3 tareas más importantes del día de hoy son:*

1.
2.
3.

*3 cosas que agradezco hoy:*

1.
2.
3.

| **Pendiente por hacer:** | **Horario** ✓ |
|---|---|
| 1. | |
| 2. | |
| 3. | |
| 4. | |
| 5. | |
| 6. | |
| 7. | |
| 8. | |
| 9. | |
| 10. | |
| 11. | |
| 12. | |
| 13. | |
| 14. | |
| 15. | |

¿Cuál fue el resultado de haber tomado acción hoy?

_____
_____
_____

**Agenda ORO Puro**

# Tareas diarias

**Fecha:** _____

*Las 3 tareas más importantes del día de hoy son:*

*3 cosas que agradezco hoy:*

| | |
|---|---|
| 1. | 1. |
| 2. | 2. |
| 3. | 3. |

**Pendiente por hacer:** **Horario** ✔

1.
2.
3.
4.
5.
6.
7.
8.
9.
10.
11.
12.
13.
14.
15.

¿Cuál fue el resultado de haber tomado acción hoy?

_____
_____
_____

20

**Carla Sánchez-Anderson**

# Tareas diarias

**Fecha:** _____

*Las 3 tareas más importantes del día de hoy son:*

1.
2.
3.

*3 cosas que agradezco hoy:*

1.
2.
3.

**Pendiente por hacer:**         **Horario ✔**

1.
2.
3.
4.
5.
6.
7.
8.
9.
10.
11.
12.
13.
14.
15.

¿Cuál fue el resultado de haber tomado acción hoy?

_____
_____
_____

**Agenda ORO Puro**

# Tareas diarias

**Fecha:** _____

*Las 3 tareas más importantes del día de hoy son:*

*3 cosas que agradezco hoy:*

| | |
|---|---|
| 1. | 1. |
| 2. | 2. |
| 3. | 3. |

**Pendiente por hacer:**             **Horario** ✓

| | | |
|---|---|---|
| 1. | | |
| 2. | | |
| 3. | | |
| 4. | | |
| 5. | | |
| 6. | | |
| 7. | | |
| 8. | | |
| 9. | | |
| 10. | | |
| 11. | | |
| 12. | | |
| 13. | | |
| 14. | | |
| 15. | | |

¿Cuál fue el resultado de haber tomado acción hoy?

_____
_____
_____

**Carla Sánchez-Anderson**

# Tareas diarias

**Fecha:** _____

*Las 3 tareas más importantes del día de hoy son:*

| | |
|---|---|
| 1. | 1. |
| 2. | 2. |
| 3. | 3. |

*3 cosas que agradezco hoy:*

**Pendiente por hacer:**           **Horario** ✔

| | | |
|---|---|---|
| 1. | | |
| 2. | | |
| 3. | | |
| 4. | | |
| 5. | | |
| 6. | | |
| 7. | | |
| 8. | | |
| 9. | | |
| 10. | | |
| 11. | | |
| 12. | | |
| 13. | | |
| 14. | | |
| 15. | | |

¿Cuál fue el resultado de haber tomado acción hoy?
_____
_____
_____

**Agenda ORO Puro**

# Tareas diarias - Fin de semana

## sábado/domingo

| Las 3 tareas más importantes del fin de semana son: | 3 cosas que agradezco hoy: |
|---|---|
| 1. | 1. |
| 2. | 2. |
| 3. | 3. |

**Fecha**_____

| **Pendiente por hacer:** | **Horario** ✔ |
|---|---|
| 1. | |
| 2. | |
| 3. | |
| 4. | |
| 5. | |

**Fecha**_____

| **Pendiente por hacer:** | **Horario** ✔ |
|---|---|
| 1. | |
| 2. | |
| 3. | |
| 4. | |
| 5. | |

¿Cuál fue el resultado de haber tomado acción este fin de semana?

_____
_____

**Carla Sánchez-Anderson**

# Reflexión semanal

¿Cómo te sientes al haber tomado acción?
.................................................................................................................
.................................................................................................................
.................................................................................................................

¿Cuáles fueron los 3 logros más grandes de esta semana?
.................................................................................................................
.................................................................................................................
.................................................................................................................

¿Cómo superaste los retos?
.................................................................................................................
.................................................................................................................
.................................................................................................................

¿Existe algo que puedas mejorar en productividad la próxima semana?
.................................................................................................................
.................................................................................................................
.................................................................................................................

¿Cuál fue el aprendizaje más grande de esta semana?
.................................................................................................................
.................................................................................................................
.................................................................................................................

Comparte tu reflexión semanal en las redes con:
#YoSoyOROPuro   @ CarlaSanchez.Oficial

**Agenda ORO Puro**

# Semana 2

> "Tu vida sólo cambiará cuando te comprometas más con tu sueño que con tu zona cómoda.
>
> -Carla Sánchez-Anderson"

**Carla Sánchez-Anderson**

# Metas semanales

*"Pregúntate si lo que estás haciendo hoy te acerca al lugar en el que quieres estar mañana".*
*- Walt Disney*

**Fecha:**_____

Metas semanales más importantes:

| | ✔ |
|---|---|
| 1. | |
| 2. | |
| 3. | |
| 4. | |
| 5. | |
| 6. | |
| 7. | |
| 8. | |
| 9. | |
| 10. | |

¿Cómo te sentirás al haber tomado acción?
_____
_____
_____

¿Cómo celebrarás tu proceso esta semana?
_____
_____
_____

**Agenda ORO Puro**

# Tareas diarias

**Fecha:** _____

*Las 3 tareas más importantes del día de hoy son:*

| | |
|---|---|
| 1. | 1. |
| 2. | 2. |
| 3. | 3. |

*3 cosas que agradezco hoy:*

**Pendiente por hacer:**     **Horario** ✔

| # | | | |
|---|---|---|---|
| 1. | | | |
| 2. | | | |
| 3. | | | |
| 4. | | | |
| 5. | | | |
| 6. | | | |
| 7. | | | |
| 8. | | | |
| 9. | | | |
| 10. | | | |
| 11. | | | |
| 12. | | | |
| 13. | | | |
| 14. | | | |
| 15. | | | |

¿Cuál fue el resultado de haber tomado acción hoy?

_____
_____
_____

**Carla Sánchez-Anderson**

# Tareas diarias

**Fecha:** _____

*Las 3 tareas más importantes del día de hoy son:*

1.
2.
3.

*3 cosas que agradezco hoy:*

1.
2.
3.

**Pendiente por hacer:**  **Horario** ✔

1.
2.
3.
4.
5.
6.
7.
8.
9.
10.
11.
12.
13.
14.
15.

¿Cuál fue el resultado de haber tomado acción hoy?

**Agenda ORO Puro**

# Tareas diarias

**Fecha:** _____

*Las 3 tareas más importantes del día de hoy son:*

*3 cosas que agradezco hoy:*

| | |
|---|---|
| 1. | 1. |
| 2. | 2. |
| 3. | 3. |

**Pendiente por hacer:** | **Horario** ✓

| | | |
|---|---|---|
| 1. | | |
| 2. | | |
| 3. | | |
| 4. | | |
| 5. | | |
| 6. | | |
| 7. | | |
| 8. | | |
| 9. | | |
| 10. | | |
| 11. | | |
| 12. | | |
| 13. | | |
| 14. | | |
| 15. | | |

¿Cuál fue el resultado de haber tomado acción hoy?

_____
_____
_____

**Carla Sánchez-Anderson**

# Tareas diarias

**Fecha:** _____

| Las 3 tareas más importantes del día de hoy son: | 3 cosas que agradezco hoy: |
|---|---|
| 1. | 1. |
| 2. | 2. |
| 3. | 3. |

| **Pendiente por hacer:** | **Horario** | ✔ |
|---|---|---|
| 1. | | |
| 2. | | |
| 3. | | |
| 4. | | |
| 5. | | |
| 6. | | |
| 7. | | |
| 8. | | |
| 9. | | |
| 10. | | |
| 11. | | |
| 12. | | |
| 13. | | |
| 14. | | |
| 15. | | |

¿Cuál fue el resultado de haber tomado acción hoy?

_____
_____
_____

**Agenda ORO Puro**

# Tareas diarias

**Fecha:** _____

*Las 3 tareas más importantes del día de hoy son:*

1. 
2. 
3. 

*3 cosas que agradezco hoy:*

1. 
2. 
3. 

**Pendiente por hacer:** | **Horario** ✔

1. 
2. 
3. 
4. 
5. 
6. 
7. 
8. 
9. 
10. 
11. 
12. 
13. 
14. 
15. 

¿Cuál fue el resultado de haber tomado acción hoy?
_____
_____
_____

# Tareas diarias - Fin de semana

**sábado/domingo**

| Las 3 tareas más importantes del fin de semana son: | 3 cosas que agradezco hoy: |
|---|---|
| 1. | 1. |
| 2. | 2. |
| 3. | 3. |

**Fecha**_____

| Pendiente por hacer: | Horario | ✔ |
|---|---|---|
| 1. | | |
| 2. | | |
| 3. | | |
| 4. | | |
| 5. | | |

**Fecha**_____

| Pendiente por hacer: | Horario | ✔ |
|---|---|---|
| 1. | | |
| 2. | | |
| 3. | | |
| 4. | | |
| 5. | | |

¿Cuál fue el resultado de haber tomado acción este fin de semana?

_____
_____

**Agenda ORO Puro**

# Reflexión semanal

¿Cómo te sientes al haber tomado acción?
.................................................................................................................
.................................................................................................................
.................................................................................................................

¿Cuáles fueron los 3 logros más grandes de esta semana?
.................................................................................................................
.................................................................................................................
.................................................................................................................

¿Cómo superaste los retos?
.................................................................................................................
.................................................................................................................
.................................................................................................................

¿Existe algo que puedas mejorar en productividad la próxima semana?
.................................................................................................................
.................................................................................................................
.................................................................................................................

¿Cuál fue el aprendizaje más grande de esta semana?
.................................................................................................................
.................................................................................................................
.................................................................................................................

Comparte tu reflexión semanal en las redes con:
#YoSoyOROPuro   @CarlaSanchez.Oficial

**Carla Sánchez-Anderson**

# Semana 3

> "Tu meta es posible cuando la emoción de lograrla es mayor que el miedo a actuar.
>
> -Carla Sánchez-Anderson"

**Agenda ORO Puro**

# Metas semanales

*"Lo más difícil es la decisión de actuar, el resto es meramente tenacidad".*
*– Amelia Earhart*

**Fecha:**_____

Metas semanales más importantes: ✔

1.
2.
3.
4.
5.
6.
7.
8.
9.
10.

¿Cómo te sentirás al haber tomado acción?
_____
_____
_____

¿Cómo celebrarás tu proceso esta semana?
_____
_____
_____

**Carla Sánchez-Anderson**

# Tareas diarias

**Fecha:** _____

*Las 3 tareas más importantes del día de hoy son:*

1.
2.
3.

*3 cosas que agradezco hoy:*

1.
2.
3.

**Pendiente por hacer:** **Horario** ✔

1.
2.
3.
4.
5.
6.
7.
8.
9.
10.
11.
12.
13.
14.
15.

¿Cuál fue el resultado de haber tomado acción hoy?

_____
_____
_____

**Agenda ORO Puro**

# Tareas diarias

**Fecha:** _____

*Las 3 tareas más importantes del día de hoy son:*

1.
2.
3.

*3 cosas que agradezco hoy:*

1.
2.
3.

| **Pendiente por hacer:** | **Horario** | ✓ |
|---|---|---|
| 1. | | |
| 2. | | |
| 3. | | |
| 4. | | |
| 5. | | |
| 6. | | |
| 7. | | |
| 8. | | |
| 9. | | |
| 10. | | |
| 11. | | |
| 12. | | |
| 13. | | |
| 14. | | |
| 15. | | |

¿Cuál fue el resultado de haber tomado acción hoy?

_____
_____
_____

**Carla Sánchez-Anderson**

# Tareas diarias

**Fecha:** _____

*Las 3 tareas más importantes del día de hoy son:*

1.
2.
3.

*3 cosas que agradezco hoy:*

1.
2.
3.

**Pendiente por hacer:** **Horario** ✔

1.
2.
3.
4.
5.
6.
7.
8.
9.
10.
11.
12.
13.
14.
15.

¿Cuál fue el resultado de haber tomado acción hoy?

_____
_____
_____

**Agenda ORO Puro**

# Tareas diarias

**Fecha:** _____

*Las 3 tareas más importantes del día de hoy son:*

*3 cosas que agradezco hoy:*

| | |
|---|---|
| 1. | 1. |
| 2. | 2. |
| 3. | 3. |

| **Pendiente por hacer:** | **Horario** | ✔ |
|---|---|---|
| 1. | | |
| 2. | | |
| 3. | | |
| 4. | | |
| 5. | | |
| 6. | | |
| 7. | | |
| 8. | | |
| 9. | | |
| 10. | | |
| 11. | | |
| 12. | | |
| 13. | | |
| 14. | | |
| 15. | | |

¿Cuál fue el resultado de haber tomado acción hoy?

_____
_____
_____

**Carla Sánchez-Anderson**

# Tareas diarias

**Fecha:** _____

*Las 3 tareas más importantes del día de hoy son:*
1.
2.
3.

*3 cosas que agradezco hoy:*
1.
2.
3.

**Pendiente por hacer:** **Horario** ✔

1.
2.
3.
4.
5.
6.
7.
8.
9.
10.
11.
12.
13.
14.
15.

¿Cuál fue el resultado de haber tomado acción hoy?

**Agenda ORO Puro**

# Tareas diarias - Fin de semana

## sábado/domingo

| Las 3 tareas más importantes del fin de semana son: | 3 cosas que agradezco hoy: |
|---|---|
| 1. | 1. |
| 2. | 2. |
| 3. | 3. |

**Fecha**_____

| **Pendiente por hacer:** | **Horario** ✔ |
|---|---|
| 1. | |
| 2. | |
| 3. | |
| 4. | |
| 5. | |

**Fecha**_____

| **Pendiente por hacer:** | **Horario** ✔ |
|---|---|
| 1. | |
| 2. | |
| 3. | |
| 4. | |
| 5. | |

¿Cuál fue el resultado de haber tomado acción este fin de semana?

_____
_____

**Carla Sánchez-Anderson**

# Reflexión semanal

¿Cómo te sientes al haber tomado acción?

_____
_____
_____

¿Cuáles fueron los 3 logros más grandes de esta semana?

_____
_____
_____

¿Cómo superaste los retos?

_____
_____
_____

¿Existe algo que puedas mejorar en productividad la próxima semana?

_____
_____
_____

¿Cuál fue el aprendizaje más grande de esta semana?

_____
_____
_____

Comparte tu reflexión semanal en las redes con:
#YoSoyOROPuro    @CarlaSanchez.Oficial

**Agenda ORO Puro**

# Semana 4

> "Acepta lo que es, suelta lo que fue y transforma lo que será."
>
> -Carla Sánchez-Anderson

**Carla Sánchez-Anderson**

# Metas semanales

*"Hecho es mejor que perfecto".*
*– Sheryl Sandberg*

**Fecha:**_____

Metas semanales más importantes:

| | ✔ |
|---|---|
| 1. | |
| 2. | |
| 3. | |
| 4. | |
| 5. | |
| 6. | |
| 7. | |
| 8. | |
| 9. | |
| 10. | |

¿Cómo te sentirás al haber tomado acción?

¿Cómo celebrarás tu proceso esta semana?

**Agenda ORO Puro**

# Tareas diarias

**Fecha:** _____

*Las 3 tareas más importantes del día de hoy son:*

| | |
|---|---|
| 1. | |
| 2. | |
| 3. | |

*3 cosas que agradezco hoy:*

| | |
|---|---|
| 1. | |
| 2. | |
| 3. | |

**Pendiente por hacer:** | **Horario ✔**

| | | |
|---|---|---|
| 1. | | |
| 2. | | |
| 3. | | |
| 4. | | |
| 5. | | |
| 6. | | |
| 7. | | |
| 8. | | |
| 9. | | |
| 10. | | |
| 11. | | |
| 12. | | |
| 13. | | |
| 14. | | |
| 15. | | |

¿Cuál fue el resultado de haber tomado acción hoy?

_____
_____
_____

**Carla Sánchez-Anderson**

# Tareas diarias

**Fecha:** _____

*Las 3 tareas más importantes del día de hoy son:*

1. 
2. 
3. 

*3 cosas que agradezco hoy:*

1. 
2. 
3. 

| **Pendiente por hacer:** | **Horario** | ✔ |
|---|---|---|
| 1. | | |
| 2. | | |
| 3. | | |
| 4. | | |
| 5. | | |
| 6. | | |
| 7. | | |
| 8. | | |
| 9. | | |
| 10. | | |
| 11. | | |
| 12. | | |
| 13. | | |
| 14. | | |
| 15. | | |

¿Cuál fue el resultado de haber tomado acción hoy?
_____
_____
_____

**Agenda ORO Puro**

# Tareas diarias

**Fecha:** _____

*Las 3 tareas más importantes del día de hoy son:*

*3 cosas que agradezco hoy:*

| | |
|---|---|
| 1. | 1. |
| 2. | 2. |
| 3. | 3. |

**Pendiente por hacer:** **Horario** ✔

| | | |
|---|---|---|
| 1. | | |
| 2. | | |
| 3. | | |
| 4. | | |
| 5. | | |
| 6. | | |
| 7. | | |
| 8. | | |
| 9. | | |
| 10. | | |
| 11. | | |
| 12. | | |
| 13. | | |
| 14. | | |
| 15. | | |

¿Cuál fue el resultado de haber tomado acción hoy?

_____
_____
_____

**Carla Sánchez-Anderson**

# Tareas diarias

**Fecha:** _____

*Las 3 tareas más importantes del día de hoy son:*

| | |
|---|---|
| 1. | 1. |
| 2. | 2. |
| 3. | 3. |

*3 cosas que agradezco hoy:*

**Pendiente por hacer:**      **Horario** ✔

| # | | Horario | ✔ |
|---|---|---|---|
| 1. | | | |
| 2. | | | |
| 3. | | | |
| 4. | | | |
| 5. | | | |
| 6. | | | |
| 7. | | | |
| 8. | | | |
| 9. | | | |
| 10. | | | |
| 11. | | | |
| 12. | | | |
| 13. | | | |
| 14. | | | |
| 15. | | | |

¿Cuál fue el resultado de haber tomado acción hoy?

_____
_____
_____

**Agenda ORO Puro**

# Tareas diarias

**Fecha:** _____

*Las 3 tareas más importantes del día de hoy son:*

1.
2.
3.

*3 cosas que agradezco hoy:*

1.
2.
3.

| **Pendiente por hacer:** | **Horario** | ✔ |
|---|---|---|
| 1. | | |
| 2. | | |
| 3. | | |
| 4. | | |
| 5. | | |
| 6. | | |
| 7. | | |
| 8. | | |
| 9. | | |
| 10. | | |
| 11. | | |
| 12. | | |
| 13. | | |
| 14. | | |
| 15. | | |

¿Cuál fue el resultado de haber tomado acción hoy?

_____
_____
_____

# Tareas diarias - Fin de semana

**sábado/domingo**

Las 3 tareas más importantes del fin de semana son:

1.
2.
3.

3 cosas que agradezco hoy:

1.
2.
3.

**Fecha**_____

| Pendiente por hacer: | Horario ✔ |
|---|---|
| 1. | |
| 2. | |
| 3. | |
| 4. | |
| 5. | |

**Fecha**_____

| Pendiente por hacer: | Horario ✔ |
|---|---|
| 1. | |
| 2. | |
| 3. | |
| 4. | |
| 5. | |

¿Cuál fue el resultado de haber tomado acción este fin de semana?

**Agenda ORO Puro**

# Reflexión semanal

¿Cómo te sientes al haber tomado acción?
.................................................................................................
.................................................................................................
.................................................................................................

¿Cuáles fueron los 3 logros más grandes de esta semana?
.................................................................................................
.................................................................................................
.................................................................................................

¿Cómo superaste los retos?
.................................................................................................
.................................................................................................
.................................................................................................

¿Existe algo que puedas mejorar en productividad la próxima semana?
.................................................................................................
.................................................................................................
.................................................................................................

¿Cuál fue el aprendizaje más grande de esta semana?
.................................................................................................
.................................................................................................
.................................................................................................

Comparte tu reflexión semanal en las redes con:
#YoSoyOROPuro    @CarlaSanchez.Oficial

Carla Sánchez-Anderson

# Semana 5

> **Enamórate de ser tu mejor versión.**
> -Carla Sánchez-Anderson

**Agenda ORO Puro**

# Revisa tu meta con ORO

¿Tu meta sigue siendo la misma o vas a definir una nueva?

Define: ¿Por qué quieres lograr tu meta?

¿Cómo te sentirás al lograr tu meta?

¿Qué has realizado hasta ahora para conseguir tu meta?

¿Qué oportunidades y recursos posees ahora para lograr tu meta?

¿Qué recursos te hacen falta?
_____
_____
_____
_____

¿Qué nuevos retos pudieran dificultar el logro de tu meta?
_____
_____
_____
_____

¿Cómo medirás tus avances?
_____
_____
_____
_____

¿Cómo celebrarás el haber logrado tu meta?
_____
_____
_____
_____

Yo_____ me comprometo conmigo misma a tomar acción consistente para celebrar el logro de mi meta para el día_____.

Firma:_____  Fecha:_____

**Agenda ORO Puro**

# Metas semanales

*"Prefiero arrepentirme de las cosas que he hecho que lamentar las cosas que no he hecho".*
*– Lucille Ball*

**Fecha:**_____

Metas semanales más importantes:

| # | | ✔ |
|---|---|---|
| 1. | | |
| 2. | | |
| 3. | | |
| 4. | | |
| 5. | | |
| 6. | | |
| 7. | | |
| 8. | | |
| 9. | | |
| 10. | | |

¿Cómo te sentirás al haber tomado acción?

_____
_____
_____

¿Cómo celebrarás tu proceso esta semana?

_____
_____
_____

**Carla Sánchez-Anderson**

# Tareas diarias

**Fecha:** _____

*Las 3 tareas más importantes del día de hoy son:*

1.
2.
3.

*3 cosas que agradezco hoy:*

1.
2.
3.

**Pendiente por hacer:**                                           **Horario** ✔

| # | | | |
|---|---|---|---|
| 1. | | | |
| 2. | | | |
| 3. | | | |
| 4. | | | |
| 5. | | | |
| 6. | | | |
| 7. | | | |
| 8. | | | |
| 9. | | | |
| 10. | | | |
| 11. | | | |
| 12. | | | |
| 13. | | | |
| 14. | | | |
| 15. | | | |

¿Cuál fue el resultado de haber tomado acción hoy?

_____
_____
_____

**Agenda ORO Puro**

# Tareas diarias

**Fecha:** _____

*Las 3 tareas más importantes del día de hoy son:*

*3 cosas que agradezco hoy:*

| | |
|---|---|
| 1. | 1. |
| 2. | 2. |
| 3. | 3. |

**Pendiente por hacer:** **Horario** ✔

| | | |
|---|---|---|
| 1. | | |
| 2. | | |
| 3. | | |
| 4. | | |
| 5. | | |
| 6. | | |
| 7. | | |
| 8. | | |
| 9. | | |
| 10. | | |
| 11. | | |
| 12. | | |
| 13. | | |
| 14. | | |
| 15. | | |

¿Cuál fue el resultado de haber tomado acción hoy?

_____
_____
_____

**Carla Sánchez-Anderson**

# Tareas diarias

**Fecha:** _____

*Las 3 tareas más importantes del día de hoy son:*

1.
2.
3.

*3 cosas que agradezco hoy:*

1.
2.
3.

**Pendiente por hacer:**           **Horario** ✔

1.
2.
3.
4.
5.
6.
7.
8.
9.
10.
11.
12.
13.
14.
15.

¿Cuál fue el resultado de haber tomado acción hoy?
_____
_____
_____

**Agenda ORO Puro**

# Tareas diarias

**Fecha:** _____

*Las 3 tareas más importantes del día de hoy son:*

*3 cosas que agradezco hoy:*

| | |
|---|---|
| 1. | 1. |
| 2. | 2. |
| 3. | 3. |

**Pendiente por hacer:** — **Horario** ✔

1. 
2. 
3. 
4. 
5. 
6. 
7. 
8. 
9. 
10. 
11. 
12. 
13. 
14. 
15. 

¿Cuál fue el resultado de haber tomado acción hoy?

_____
_____
_____

**Carla Sánchez-Anderson**

# Tareas diarias

**Fecha:** _____

*Las 3 tareas más importantes del día de hoy son:*

| | |
|---|---|
| 1. | |
| 2. | |
| 3. | |

*3 cosas que agradezco hoy:*

| |
|---|
| 1. |
| 2. |
| 3. |

## Pendiente por hacer:          Horario ✔

| | Horario | ✔ |
|---|---|---|
| 1. | | |
| 2. | | |
| 3. | | |
| 4. | | |
| 5. | | |
| 6. | | |
| 7. | | |
| 8. | | |
| 9. | | |
| 10. | | |
| 11. | | |
| 12. | | |
| 13. | | |
| 14. | | |
| 15. | | |

¿Cuál fue el resultado de haber tomado acción hoy?

_____
_____
_____

**Agenda ORO Puro**

# Tareas diarias - Fin de semana

**sábado/domingo**

| Las 3 tareas más importantes del fin de semana son: | 3 cosas que agradezco hoy: |
|---|---|
| 1. | 1. |
| 2. | 2. |
| 3. | 3. |

**Fecha**_____

| **Pendiente por hacer:** | **Horario** | ✔ |
|---|---|---|
| 1. | | |
| 2. | | |
| 3. | | |
| 4. | | |
| 5. | | |

**Fecha**_____

| **Pendiente por hacer:** | **Horario** | ✔ |
|---|---|---|
| 1. | | |
| 2. | | |
| 3. | | |
| 4. | | |
| 5. | | |

¿Cuál fue el resultado de haber tomado acción este fin de semana?
_____
_____

**Carla Sánchez-Anderson**

# Reflexión semanal

¿Cómo te sientes al haber tomado acción?
_____
_____
_____

¿Cuáles fueron los 3 logros más grandes de esta semana?
_____
_____
_____

¿Cómo superaste los retos?
_____
_____
_____

¿Existe algo que puedas mejorar en productividad la próxima semana?
_____
_____
_____

¿Cuál fue el aprendizaje más grande de esta semana?
_____
_____
_____

Comparte tu reflexión semanal en las redes con:
#YoSoyOROPuro   @CarlaSanchez.Oficial

**Agenda ORO Puro**

# Semana 6

> "Tienes el poder de manifestar la vida que sueñas."
>
> —Carla Sánchez-Anderson

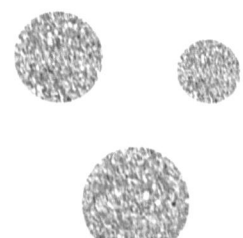

**Carla Sánchez-Anderson**

# Metas semanales

*"Mi meta no es ser mejor que alguien, sino ser mejor de lo que solía ser".*
*-Wayne Dyer*

**Fecha:**_____

Metas semanales más importantes:

| | ✔ |
|---|---|
| 1. | |
| 2. | |
| 3. | |
| 4. | |
| 5. | |
| 6. | |
| 7. | |
| 8. | |
| 9. | |
| 10. | |

¿Cómo te sentirás al haber tomado acción?
_____
_____
_____
_____

¿Cómo celebrarás tu proceso esta semana?
_____
_____
_____
_____

**Agenda ORO Puro**

# Tareas diarias

**Fecha:** _____

*Las 3 tareas más importantes del día de hoy son:*

| | |
|---|---|
| 1. | 1. |
| 2. | 2. |
| 3. | 3. |

*3 cosas que agradezco hoy:*

## Pendiente por hacer:     Horario ✓

| # | | Horario | ✓ |
|---|---|---|---|
| 1. | | | |
| 2. | | | |
| 3. | | | |
| 4. | | | |
| 5. | | | |
| 6. | | | |
| 7. | | | |
| 8. | | | |
| 9. | | | |
| 10. | | | |
| 11. | | | |
| 12. | | | |
| 13. | | | |
| 14. | | | |
| 15. | | | |

¿Cuál fue el resultado de haber tomado acción hoy?

_____
_____
_____

**Carla Sánchez-Anderson**

# Tareas diarias

**Fecha:** _____

*Las 3 tareas más importantes del día de hoy son:*

| | |
|---|---|
| 1. | 1. |
| 2. | 2. |
| 3. | 3. |

*3 cosas que agradezco hoy:*

## Pendiente por hacer:                    Horario ✓

| | | |
|---|---|---|
| 1. | | |
| 2. | | |
| 3. | | |
| 4. | | |
| 5. | | |
| 6. | | |
| 7. | | |
| 8. | | |
| 9. | | |
| 10. | | |
| 11. | | |
| 12. | | |
| 13. | | |
| 14. | | |
| 15. | | |

¿Cuál fue el resultado de haber tomado acción hoy?
_____
_____
_____

**Agenda ORO Puro**

# Tareas diarias

**Fecha:** _____

*Las 3 tareas más importantes del día de hoy son:*

1.
2.
3.

*3 cosas que agradezco hoy:*

1.
2.
3.

| **Pendiente por hacer:** | **Horario** | ✔ |
|---|---|---|
| 1. | | |
| 2. | | |
| 3. | | |
| 4. | | |
| 5. | | |
| 6. | | |
| 7. | | |
| 8. | | |
| 9. | | |
| 10. | | |
| 11. | | |
| 12. | | |
| 13. | | |
| 14. | | |
| 15. | | |

¿Cuál fue el resultado de haber tomado acción hoy?

_____
_____
_____

**Carla Sánchez-Anderson**

# Tareas diarias

**Fecha:** _____

*Las 3 tareas más importantes del día de hoy son:*

1.
2.
3.

*3 cosas que agradezco hoy:*

1.
2.
3.

| **Pendiente por hacer:** | **Horario** | ✔ |
|---|---|---|
| 1. | | |
| 2. | | |
| 3. | | |
| 4. | | |
| 5. | | |
| 6. | | |
| 7. | | |
| 8. | | |
| 9. | | |
| 10. | | |
| 11. | | |
| 12. | | |
| 13. | | |
| 14. | | |
| 15. | | |

¿Cuál fue el resultado de haber tomado acción hoy?
_____
_____
_____

**Agenda ORO Puro**

# Tareas diarias

**Fecha:** _____

*Las 3 tareas más importantes del día de hoy son:*

| | |
|---|---|
| 1. | |
| 2. | |
| 3. | |

*3 cosas que agradezco hoy:*

| |
|---|
| 1. |
| 2. |
| 3. |

**Pendiente por hacer:** **Horario** ✔

| | | |
|---|---|---|
| 1. | | |
| 2. | | |
| 3. | | |
| 4. | | |
| 5. | | |
| 6. | | |
| 7. | | |
| 8. | | |
| 9. | | |
| 10. | | |
| 11. | | |
| 12. | | |
| 13. | | |
| 14. | | |
| 15. | | |

¿Cuál fue el resultado de haber tomado acción hoy?

_____
_____
_____

# Tareas diarias - Fin de semana

**sábado/domingo**

*Las 3 tareas más importantes del fin de semana son:*

1. 
2. 
3. 

*3 cosas que agradezco hoy:*

1. 
2. 
3. 

**Fecha_____**

**Pendiente por hacer:** **Horario** ✔

1. 
2. 
3. 
4. 
5. 

**Fecha_____**

**Pendiente por hacer:** **Horario** ✔

1. 
2. 
3. 
4. 
5. 

¿Cuál fue el resultado de haber tomado acción este fin de semana?

**Agenda ORO Puro**

# Reflexión semanal

¿Cómo te sientes al haber tomado acción?
........................................................................................................
........................................................................................................
........................................................................................................

¿Cuáles fueron los 3 logros más grandes de esta semana?
........................................................................................................
........................................................................................................
........................................................................................................

¿Cómo superaste los retos?
........................................................................................................
........................................................................................................
........................................................................................................

¿Existe algo que puedas mejorar en productividad la próxima semana?
........................................................................................................
........................................................................................................
........................................................................................................

¿Cuál fue el aprendizaje más grande de esta semana?
........................................................................................................
........................................................................................................
........................................................................................................

Comparte tu reflexión semanal en las redes con:
#YoSoyOROPuro   @CarlaSanchez.Oficial

Carla Sánchez-Anderson

# Semana 7

> Sólo una cosa convierte un sueño en meta: tomar acción.
>
> -Carla Sánchez-Anderson

**Agenda ORO Puro**

# Metas semanales

*"El poder está siempre en el momento presente".*
*-Louise Hay*

**Fecha:**_____

Metas semanales más importantes:

| | ✔ |
|---|---|
| 1. | |
| 2. | |
| 3. | |
| 4. | |
| 5. | |
| 6. | |
| 7. | |
| 8. | |
| 9. | |
| 10. | |

¿Cómo te sentirás al haber tomado acción?
_____
_____
_____
_____

¿Cómo celebrarás tu proceso esta semana?
_____
_____
_____
_____

**Carla Sánchez-Anderson**

# Tareas diarias

**Fecha:** _____

*Las 3 tareas más importantes del día de hoy son:*

1.
2.
3.

*3 cosas que agradezco hoy:*

1.
2.
3.

| **Pendiente por hacer:** | **Horario** | ✔ |
|---|---|---|
| 1. | | |
| 2. | | |
| 3. | | |
| 4. | | |
| 5. | | |
| 6. | | |
| 7. | | |
| 8. | | |
| 9. | | |
| 10. | | |
| 11. | | |
| 12. | | |
| 13. | | |
| 14. | | |
| 15. | | |

¿Cuál fue el resultado de haber tomado acción hoy?
_____
_____
_____

**Agenda ORO Puro**

# Tareas diarias

**Fecha:** _____

*Las 3 tareas más importantes del día de hoy son:*

| | |
|---|---|
| 1. | |
| 2. | |
| 3. | |

*3 cosas que agradezco hoy:*

| |
|---|
| 1. |
| 2. |
| 3. |

**Pendiente por hacer:** **Horario** ✓

| | | |
|---|---|---|
| 1. | | |
| 2. | | |
| 3. | | |
| 4. | | |
| 5. | | |
| 6. | | |
| 7. | | |
| 8. | | |
| 9. | | |
| 10. | | |
| 11. | | |
| 12. | | |
| 13. | | |
| 14. | | |
| 15. | | |

¿Cuál fue el resultado de haber tomado acción hoy?

_____
_____
_____

**Carla Sánchez-Anderson**

# Tareas diarias

**Fecha:** _____

*Las 3 tareas más importantes del día de hoy son:*

1. 
2. 
3. 

*3 cosas que agradezco hoy:*

1. 
2. 
3. 

**Pendiente por hacer:** **Horario** ✔

1. 
2. 
3. 
4. 
5. 
6. 
7. 
8. 
9. 
10. 
11. 
12. 
13. 
14. 
15. 

¿Cuál fue el resultado de haber tomado acción hoy?
_____
_____
_____

**Agenda ORO Puro**

# Tareas diarias

**Fecha:** _____

*Las 3 tareas más importantes del día de hoy son:*

*3 cosas que agradezco hoy:*

| | |
|---|---|
| 1. | 1. |
| 2. | 2. |
| 3. | 3. |

**Pendiente por hacer:** **Horario ✔**

| | | |
|---|---|---|
| 1. | | |
| 2. | | |
| 3. | | |
| 4. | | |
| 5. | | |
| 6. | | |
| 7. | | |
| 8. | | |
| 9. | | |
| 10. | | |
| 11. | | |
| 12. | | |
| 13. | | |
| 14. | | |
| 15. | | |

¿Cuál fue el resultado de haber tomado acción hoy?

_____
_____
_____

**Carla Sánchez-Anderson**

# Tareas diarias

**Fecha:** _____

*Las 3 tareas más importantes del día de hoy son:*

| | |
|---|---|
| 1. | 1. |
| 2. | 2. |
| 3. | 3. |

*3 cosas que agradezco hoy:*

**Pendiente por hacer:** **Horario** ✔

| | | |
|---|---|---|
| 1. | | |
| 2. | | |
| 3. | | |
| 4. | | |
| 5. | | |
| 6. | | |
| 7. | | |
| 8. | | |
| 9. | | |
| 10. | | |
| 11. | | |
| 12. | | |
| 13. | | |
| 14. | | |
| 15. | | |

¿Cuál fue el resultado de haber tomado acción hoy?

_____
_____
_____

**Agenda ORO Puro**

# Tareas diarias - Fin de semana

**sábado/domingo**

*Las 3 tareas más importantes del fin de semana son:*

1.
2.
3.

*3 cosas que agradezco hoy:*

1.
2.
3.

**Fecha**_____

| **Pendiente por hacer:** | **Horario** ✔ |
|---|---|
| 1. | |
| 2. | |
| 3. | |
| 4. | |
| 5. | |

**Fecha**_____

| **Pendiente por hacer:** | **Horario** ✔ |
|---|---|
| 1. | |
| 2. | |
| 3. | |
| 4. | |
| 5. | |

¿Cuál fue el resultado de haber tomado acción este fin de semana?

_____
_____

**Carla Sánchez-Anderson**

# Reflexión semanal

¿Cómo te sientes al haber tomado acción?
_____
_____
_____

¿Cuáles fueron los 3 logros más grandes de esta semana?
_____
_____
_____

¿Cómo superaste los retos?
_____
_____
_____

¿Existe algo que puedas mejorar en productividad la próxima semana?
_____
_____
_____

¿Cuál fue el aprendizaje más grande de esta semana?
_____
_____
_____

Comparte tu reflexión semanal en las redes con:
#YoSoyOROPuro   @CarlaSanchez.Oficial

**Agenda ORO Puro**

# Semana 8

> La valentía es sentir miedo y seguir adelante.
>
> -Carla Sánchez-Anderson

**Carla Sánchez-Anderson**

# Metas semanales

*"Nunca olvides que los grandes logros requieren tiempo y paciencia".*
*-Maya Angelou*

**Fecha:**_____

Metas semanales más importantes:

| | ✔ |
|---|---|
| 1. | |
| 2. | |
| 3. | |
| 4. | |
| 5. | |
| 6. | |
| 7. | |
| 8. | |
| 9. | |
| 10. | |

¿Cómo te sentirás al haber tomado acción?
_____
_____
_____

¿Cómo celebrarás tu proceso esta semana?
_____
_____
_____

**Agenda ORO Puro**

# Tareas diarias

**Fecha:** _____

*Las 3 tareas más importantes del día de hoy son:*

*3 cosas que agradezco hoy:*

| | |
|---|---|
| 1. | 1. |
| 2. | 2. |
| 3. | 3. |

**Pendiente por hacer:**  **Horario** ✓

| | | |
|---|---|---|
| 1. | | |
| 2. | | |
| 3. | | |
| 4. | | |
| 5. | | |
| 6. | | |
| 7. | | |
| 8. | | |
| 9. | | |
| 10. | | |
| 11. | | |
| 12. | | |
| 13. | | |
| 14. | | |
| 15. | | |

¿Cuál fue el resultado de haber tomado acción hoy?

_____
_____
_____

**Carla Sánchez-Anderson**

# Tareas diarias

**Fecha:** _____

*Las 3 tareas más importantes del día de hoy son:*

| | |
|---|---|
| 1. | |
| 2. | |
| 3. | |

*3 cosas que agradezco hoy:*

| |
|---|
| 1. |
| 2. |
| 3. |

**Pendiente por hacer:** **Horario** ✔

| | | |
|---|---|---|
| 1. | | |
| 2. | | |
| 3. | | |
| 4. | | |
| 5. | | |
| 6. | | |
| 7. | | |
| 8. | | |
| 9. | | |
| 10. | | |
| 11. | | |
| 12. | | |
| 13. | | |
| 14. | | |
| 15. | | |

¿Cuál fue el resultado de haber tomado acción hoy?
_____
_____
_____

**Agenda ORO Puro**

# Tareas diarias

**Fecha:** _____

*Las 3 tareas más importantes del día de hoy son:*

*3 cosas que agradezco hoy:*

| | |
|---|---|
| 1. | 1. |
| 2. | 2. |
| 3. | 3. |

**Pendiente por hacer:** **Horario ✓**

| | | |
|---|---|---|
| 1. | | |
| 2. | | |
| 3. | | |
| 4. | | |
| 5. | | |
| 6. | | |
| 7. | | |
| 8. | | |
| 9. | | |
| 10. | | |
| 11. | | |
| 12. | | |
| 13. | | |
| 14. | | |
| 15. | | |

¿Cuál fue el resultado de haber tomado acción hoy?

_____
_____
_____

**Carla Sánchez-Anderson**

# Tareas diarias

**Fecha:** _____

*Las 3 tareas más importantes del día de hoy son:*

1.
2.
3.

*3 cosas que agradezco hoy:*

1.
2.
3.

**Pendiente por hacer:** **Horario** ✔

1.
2.
3.
4.
5.
6.
7.
8.
9.
10.
11.
12.
13.
14.
15.

¿Cuál fue el resultado de haber tomado acción hoy?

**Agenda ORO Puro**

# Tareas diarias

**Fecha:** _____

*Las 3 tareas más importantes del día de hoy son:*

*3 cosas que agradezco hoy:*

| | |
|---|---|
| 1. | 1. |
| 2. | 2. |
| 3. | 3. |

| **Pendiente por hacer:** | **Horario** | ✔ |
|---|---|---|
| 1. | | |
| 2. | | |
| 3. | | |
| 4. | | |
| 5. | | |
| 6. | | |
| 7. | | |
| 8. | | |
| 9. | | |
| 10. | | |
| 11. | | |
| 12. | | |
| 13. | | |
| 14. | | |
| 15. | | |

¿Cuál fue el resultado de haber tomado acción hoy?
_____
_____
_____

**Carla Sánchez-Anderson**

# Tareas diarias - Fin de semana

**sábado/domingo**

| Las 3 tareas más importantes del fin de semana son: | | 3 cosas que agradezco hoy: |
|---|---|---|
| 1. | 1. | |
| 2. | 2. | |
| 3. | 3. | |

**Fecha**_____

| **Pendiente por hacer:** | **Horario** ✔ | |
|---|---|---|
| 1. | | |
| 2. | | |
| 3. | | |
| 4. | | |
| 5. | | |

**Fecha**_____

| **Pendiente por hacer:** | **Horario** ✔ | |
|---|---|---|
| 1. | | |
| 2. | | |
| 3. | | |
| 4. | | |
| 5. | | |

¿Cuál fue el resultado de haber tomado acción este fin de semana?

---
---

**Agenda ORO Puro**

# Reflexión final

## ¡Felicitaciones mujer ORO Puro! Lo lograste...

¿Cuáles fueron los resultados de tu proceso ORO Puro©?
.................................................................................................
.................................................................................................
.................................................................................................

¿Cuáles fueron los 3 logros más grandes de tu proceso ORO Puro©?
.................................................................................................
.................................................................................................
.................................................................................................

¿Cuál fue el aprendizaje más grande de este proceso?
.................................................................................................
.................................................................................................
.................................................................................................

¿Cómo te sientes el día de hoy?
.................................................................................................
.................................................................................................
.................................................................................................

Mereces vivir la vida que estás manifestando por haber tomado acción y decirle a tus sueños **"LO MEREZCO"**... Ahora a brillar como ORO Puro en todo lo que hagas... ¡Gracias!

**Carla Sánchez-Anderson**

*Comparte tu reflexión final en las redes con:*
*#YoSoyOROPuro  ⓘ CarlaSanchez.Oficial*

**Carla Sánchez-Anderson**

# Reflexiones

**Agenda ORO Puro**

# Reflexiones

**Carla Sánchez-Anderson**

**Agenda ORO Puro**

# Reflexiones

**Carla Sánchez-Anderson**

# Reflexiones

# Reflexiones

**Carla Sánchez-Anderson**

# Reflexiones

**Agenda ORO Puro**

# Reflexiones

Carla Sánchez
ORO Puro

www.ingramcontent.com/pod-product-compliance
Lightning Source LLC
Chambersburg PA
CBHW021834300426
44114CB00009BA/444